Dialogtraining Spanisch

Für die Oberstufe

von
Gemma Linares
Nuray Yilmaz

Ernst Klett Verlag
Stuttgart · Leipzig

Bildquellennachweis

Corbis (Salvador Martin/Demotix), Düsseldorf, **32.1**; dreamstime.com (Arne9001), Brentwood, TN, **20.1**; Fotolia.com (Ekaterina Myshenko), **22.1**; (lunamarina), New York, **U4.2**; Getty Images (AFP/MIGUEL RIOPA), **36.1**; (David LEFRANC/Gamma-Rapho), **16.2**; (Heidi Gutman/NBC NewsWire), München, **16.1**; Interfoto (Coleccion Gasca), **26.2**; (Mary Evans Picture Library), München, **16.3**; iStockphoto (Arturo M. Enriquez), **18.2**; (Bob Thomas), **30.3**; (chapin31), Calgary, Alberta, **36.4**; JupiterImages photos.com, Tucson, AZ, **24.1**; laif (BELTRA/VANDEVILLE/GAMMA), Köln, **16.4**; Mauritius Images (Fiona Fergusson), Mittenwald, **34.2**; MEV Verlag GmbH, Augsburg, **24.2**; Picture-Alliance (dpa/dpaweb), **34.1**; (Ettore Ferrari/EPA), Frankfurt, **18.1**; Reuters (Rafael Marchante), Frankfurt, **36.3**; shutterstock (nito), **20.2**; (Adam Ziaja), **14.4**; (chippix), **30.1**; (Dmitry Berkut), **22.2**; (guentermanaus), **36.2**; (Kzenon), New York, NY, **28.2**; Thinkstock, **28.1**; (Digital Vision), **14.2**; (Hemera), **18.3**; (iStockphoto), **U1.1, 14.1, 26.1, 30.2, U4.1**; (Jupiterimages), **18.4**; (Photodisc (Maria Teijeiro)), **U1.2**; (Photodisc/Maria Teijeiro), München, **14.3**; Ullstein Bild GmbH (Imagno), Berlin, **20.3**

Sollte es in einem Einzelfall nicht gelungen sein, den korrekten Rechteinhaber ausfindig zu machen, so werden berechtigte Ansprüche selbstverständlich im Rahmen der üblichen Regelungen abgegolten.

1. Auflage 1 5 4 3 2 | 2017 16 15

Alle Drucke dieser Auflage sind unverändert und können im Unterricht nebeneinander verwendet werden.
Die letzte Zahl bezeichnet das Jahr des Druckes.

Internetadresse: www.klett.de

Autorinnen: Gemma Linares, Tübingen; Nuray Yilmaz, Reutlingen

Redaktion: Covadonga Uribe Martín
Gestaltung: Miriam Brusniak

Illustrationen: Sven Palmowski, Barcelona
Druck: Medienhaus Plump GmbH, Rheinbreitbach

Printed in Germany.
ISBN 978-3-12-536911-5

9 783125 369115

Rollenkarten

Farbige Dialogkarten

Schwarz-weiße Dialogkarten

Kriterien für die Bewertung (für den Lehrer)

Autoevaluación (para el alumno)

Methodenwortschatz – Recursos para la comunicación

Vorwort

Dieses Heft verfolgt das Ziel, die Schüler auf die Kommunikationsprüfung im Abitur oder ähnliche mündliche Prüfungsformate im Fach Spanisch vorzubereiten. Es richtet sich an Lehrer, die ihre Schüler länger- oder kurzfristig auf diese Prüfungsformate in der Oberstufe (B1 - B2) vorbereiten. Die Partnergespräche trainieren aber auch allgemein die Sprechkompetenz im Spanischunterricht. Die Übungen können zu Übungszwecken und zur Überprüfung der Sprechkompetenz eingesetzt werden.

Die Aufgaben sind als Partnergespräche bzw. -dialoge konzipiert, wobei Partner A und Partner B jeweils eine Gesprächskarte erhalten. Die Aufgaben bestehen einerseits aus monologischen Phasen, in denen sich die Partner Informationen bzw. Material ihrer jeweiligen Karte vorstellen, und andererseits aus dialogischen Phasen, in denen sie mithilfe der angegebenen Material- bzw. Frageimpulse und über diese hinaus interagieren. Die Aufgabenstellungen sind klar und präzise, so dass die Schülerpaare beim Lesen der Arbeitsanweisung wissen, worin ihre Sprechaufgabe besteht und wie sie vorgehen sollen. Dennoch ist es sinnvoll, dass die Lehrkraft die Aufgabenstellung im Vorfeld mit den Schülern bespricht, um sicherzugehen, dass sie alles verstehen.

Die Aufgabenstellungen sind vielfältig, schülernah und authentisch. Es wird unterschieden zwischen Meinungsaustausch, Partnerinterviews, Gesprächen, Diskussionen und Situationssimulationen. Außerdem erhalten die Schüler durch offen gehaltene Fragestellungen die Möglichkeit, ihre eigene Meinung und ihre Ideen einzubringen.

Das Heft ist unterteilt in Rollen- und Dialogkarten. Bei den Rollenkarten versetzen sich die Schüler in eine konkrete Situation hinein. Sie enthalten einerseits Aufgaben, die in Partnerarbeit durchgeführt werden können, und anderseits Aufgaben, die für kleine Gruppen vorgesehen sind. Die Dialogkarten sind ebenfalls in zwei Kategorien aufgeteilt: in farbige und schwarz-weiße Karten. Die farbigen Karten enthalten Bildimpulse, die für die Bearbeitung der kommunikativen Aufgabe notwendig sind oder diese unterstützen bzw. erleichtern. Die restlichen Dialogkarten ohne Bildimpuls sind schwarz-weiß.

Es ist sinnvoll, die Karten im unterrichtlichen Zusammenhang einzusetzen, um behandelte Themen zu vertiefen bzw. zu festigen. Die Kartenpaare können für die jeweilige Bearbeitung für alle Lernenden kopiert werden. Nachdem die Schüler ihre Sprechaufgaben in Partnerarbeit durchgeführt haben, können sie das Gespräch mit einem weiteren Partner der jeweils anderen Gruppe (A oder B) erneut führen. Eine Würdigung bzw. Sicherung der Schülergespräche kann anschließend im Plenum durch verschiedene Frageimpulse der Lehrkraft stattfinden, beispielsweise durch Fragen wie:

- ¿Cuál fue el tema de vuestra conversación?
- ¿Qué aspectos os han parecido los más importantes en la conversación y por qué?
- ¿Qué opina tu pareja sobre el tema?

Die Karten können außerdem als Teil der Freiarbeit zur Binnendifferenzierung für lernstärkere Schüler eingesetzt werden. Sie können aber auch einfach zwischendurch zur Auflockerung verwendet werden.

Für die Erarbeitung der Aufgaben werden den Schülern verschiedene Hilfsmittel bereitgestellt. Zum einen finden sich auf den meisten Dialogkarten einige *frases útiles*, welche die Schüler direkt im jeweiligen Gespräch verwenden können. Die Kopiervorlage auf den Seiten 47 und 48 enthält Methodenwortschatz, der den Schülern hilft, ihre Redebeiträge zu strukturieren, im Gespräch angemessen zu interagieren und insgesamt erfolgreicher zu kommunizieren. Die Kopiervorlage wird einmal kopiert und kann bei jeder Sprechaufgabe herangezogen werden. Außerdem finden die Schüler auf dieser Vorlage einige methodische Tipps, wie sie ihre Informationen, Gedanken und Ideen strukturieren können, worauf sie im Gespräch achten sollten und wie sie sichergehen können, dass sie ihren Gesprächspartner auch verstanden haben. Je häufiger die Schüler mit der Kopiervorlage arbeiten, desto besser können sie sich die Redemittel aneignen, die ihnen helfen, erfolgreicher auf Spanisch zu kommunizieren.

Ein weiteres hilfreiches Material in diesem Heft sind die Evaluationsbögen der Gespräche. Der Kriterienbogen für die Bewertung der Schülerleistungen befindet sich auf Seite 45. Dieser hilft dem Lehrer, die mündlichen Leistungen der Schüler zu bewerten. Der Lehrer kann sich pro Sprechaufgabe ein Schülerpaar heraussuchen und das Gespräch mithilfe des Bogens bewerten. In diesem Zusammenhang ist es wichtig, dass der Lehrer die Kriterien für die Bewertung der mündlichen Leistungen den Schülern transparent gemacht hat, damit diese genau wissen, worauf es beim Gespräch ankommt.

Der Selbstevaluationsbogen für Schüler (*Autoevaluación para el alumno*) befindet sich auf Seite 46. Nach den Gesprächen nehmen sich die Schüler einige Minuten Zeit, um mithilfe dieses Bogens über die Stärken und Schwächen ihrer Gesprächskompetenz nachzudenken, aufgetretene Schwierigkeiten zu reflektieren und eigene Verbesserungsmöglichkeiten für zukünftige Gespräche zu notieren. Ferner können die Schüler mithilfe dieses Bogens sowohl die inhaltlichen als auch sprachlichen Aspekte festhalten, die sie im und aus dem Gespräch gelernt haben. Der Reflektionsbogen hilft den Schülern ihre Sprechkompetenz zunehmend zu verbessern.

Abschließend noch eine Bemerkung zur mündlichen Fehlerkorrektur: Nach unseren Erfahrungen hilft es, wenn der Lehrer bei den Partnergesprächen auf diejenigen Fehler achtet, die am häufigsten vorkommen und diese am Ende an der Tafel für alle verbessert. Die Schüler können die verbesserten Fehler festhalten und vor den nächsten Gesprächen anschauen, um diese nicht erneut zu machen.

Viel Freude und gutes Gelingen mit den Dialogkarten!

1 EL CARNÉ DE CONDUCIR A
ROLLENKARTE: PARNERARBEIT

El Gobierno quiere permitir a los jóvenes sacar el carné de conducir a los 16 años.
Tú ya tienes 16 años y estás contento ya que tu situación es la siguiente:

- Vives en un pueblo pequeño y no hay buenas conexiones.
- Tienes que ir al instituto en tren y necesitas mucho tiempo para llegar.
- Por las tardes tienes actividades deportivas y te tienes que organizar con tus padres para que te lleven.
- En tu casa hay dos coches.

Habla con tu padre / madre e intenta convencerlos de que te permitan sacar el carné y te dejen uno de los coches.

Yo pienso que (+ indicativo)
A mí (no) me parece bien / mal / justo que...
No entiendo por qué...
(No) Está bien que...
Por una parte..., por otra...

---

1 EL CARNÉ DE CONDUCIR B
ROLLENKARTE: PARNERARBEIT

El Gobierno quiere permitir a los jóvenes sacar el carné de conducir a los 16 años.
Tú tienes un hijo de 16 años, pero no crees que necesite todavía el carné de conducir. Vuestra situación en casa es la siguiente:

- Vivís en un pueblo pequeño, tenéis dos coches, pero los necesitáis para ir a trabajar o hacer las compras.
- Tenéis otros dos hijos más.
- Las conexiones por tren no son muy buenas, pero tampoco caras. Además, es más ecológico que ir en coche.
- Otro seguro de coche sería muy caro.

Tu hijo quiere sacar el carné de conducir. Habla con él para explicarle que es mejor que espere a tener 18 años.

Yo pienso justo lo contrario.
No estoy de acuerdo...
Es necesario que (+ sujuntivo)
Vale, estoy de acuerdo con..., pero...
Es cierto que, pero...

---

2 HOSPEDAJE ALTERNATIVO A
ROLLENKARTE: PARNERARBEIT

Couchsurfing es una manera de viajar sin tener que pagar un hotel.
El primer paso es hacerse miembro y completar un perfil en una página web. Si decides hacer un viaje, puedes entrar en la página y ver cuántos contactos viven cerca del lugar que quieres visitar. La persona que te aloja te va a buscar al aeropuerto y luego te lleva a su casa. Lo único que hay que hacer a cambio es ayudar en las tareas del hogar.

Un amigo y tú queréis pasar un fin de semana en Barcelona. Piensa en las ventajas del couchsurfing e intenta convencer a tu compañero de usar este tipo de alojamiento.

Tengo una idea genial para...
¿Qué te parece si...?
Si eligiéramos el...
El albergue no me parece bien porque...
Es verdad que..., pero...
Yo veo las cosas de una manera diferente...
No creo que tengas razón con...
Es absurdo que...

---

2 HOSPEDAJE ALTERNATIVO B
ROLLENKARTE: PARNERARBEIT

Un albergue juvenil es un tipo de alojamiento que ofrece habitaciones con varias camas o literas. Además, los huéspedes comparten el baño, la cocina y las salas comunes. Antes los albergues tenían un límite de edad, pero hoy en día es normal que acepten a personas de todas las edades. A pesar de eso, la mayoría de los clientes tienen entre 18 y 26 años de edad.

Un amigo y tú queréis pasar un fin de semana en Barcelona. Piensa en las ventajas del albergue juvenil e intenta convencer a tu compañero de usar este tipo de alojamiento.

¿Por qué no dormimos en...?
El couchsurfing no me parece bien porque...
Pienso que es mejor si....
Pues yo pienso que...
Es verdad que..., pero...
Yo veo las cosas de una manera diferente...
No creo que tengas razón con...
Es absurdo que...

---

3 EL CAMINO DEL INCA

ROLLENKARTE: PARNERARBEIT

A

El Camino del Inca es el nombre que reciben los caminos construidos durante el Imperio Inca. Perú, Chile, Colombia, Ecuador, Argentina y Bolivia han solicitado a la UNESCO que se declare como Patrimonio Cultural de la Humanidad.

Tú eres un ecologista muy activo y estás de acuerdo en solicitar la declaración, pero temes que esto atraiga a más turistas.

Con ayuda de los siguientes puntos busca argumentos para discutir con tu compañero por qué no es bueno que lleguen más turistas a conocer el Camino del Inca:

- Impacto negativo del turismo en el medio ambiente
- Desgaste y destrucción del camino
- Pérdida de la cultura local
- Trabajo precario de los habitantes de la zona

Creo que lo mejor sería...
A lo mejor se podría...
No me parece bien que...

Klett

 ISBN 978-3-12-536911-5

3 EL CAMINO DEL INCA

ROLLENKARTE: PARNERARBEIT

B

El Camino del Inca es el nombre que reciben los caminos construidos durante el Imperio Inca. Perú, Chile, Colombia, Ecuador, Argentina y Bolivia han solicitado a la UNESCO que se declare como Patrimonio Cultural de la Humanidad.

Tú eres un funcionario del Ministerio de Cultura peruano y piensas que con la declaración llegarán no solo turistas, sino también inversión extranjera para la investigación y protección de las rutas.

Con ayuda de los siguientes puntos busca argumentos para discutir con tu compañero por qué es bueno que lleguen más turistas a conocer el Camino del Inca:

- Captar fondos para la conservación de las rutas
- Mejorar los ingresos económicos de la zona
- Mejora de carreteras e infraestructuras

A mí la idea me parece necesaria para que (+ subjuntivo)
No creo que el turismo...
Además, he pensado que...

Klett

 ISBN 978-3-12-536911-5

4 DESCARGAS ILEGALES

ROLLENKARTE: PARNERARBEIT

A

Cada vez son más los usuarios que se bajan canciones, libros y películas de Internet. Sin embargo, la descarga ilegal de música, vídeos, imágenes, etc. provoca una pérdida en los derechos de autor e intelectuales de muchos miles de euros.

Tú eres un joven que te encuentras en esta situación:

- Tienes poco dinero.
- No crees que sea necesario pagar por leer un libro en la Red, tampoco lo haces cuando quieres escuchar una canción o ver una película.
- Piensas que los autores, cantantes, etc. cobran demasiado.

Busca argumentos para convencer a tu compañero de que lo que hay en la Red es de todos y que tienes derecho a leer, ver y escuchar todo lo que quieras gratis.

A mi modo de ver...
No estoy de acuerdo con que (+ subjuntivo)
Si lo piensas bien, verás que (+ indicativo)
Lo siento, pero...

Klett

 ISBN 978-3-12-536911-5

4 DESCARGAS ILEGALES

ROLLENKARTE: PARNERARBEIT

B

Cada vez son más los usuarios que se bajan canciones, libros y películas de Internet. Sin embargo, la descarga ilegal de música, vídeos, imágenes, etc. provoca una pérdida en los derechos de autor e intelectuales de muchos miles de euros.

Tú eres el autor de uno de esos libros. Tu situación es la siguiente:

- Estás indignado ante la falta de respeto de los derechos intelectuales y de autor.
- La descarga ilegal hace que no obtengas todos los beneficios que pudieras.

Busca argumentos para convencer a tu compañero de que lo que hay en la Red no es de todos y que no tiene derecho a leer, ver y escuchar todo lo que quiera gratis.

Yo tengo otra opinión...
No estoy de acuerdo con que (+ subjuntivo)
Si lo piensas bien, verás que (+ indicativo)
Recuerda que...

Klett

 ISBN 978-3-12-536911-5

5 EL FUTURO LABORAL
A
ROLLENKARTE: PARNERARBEIT

Los jóvenes tienen que decidir muy pronto el camino hacia su futura vida profesional, pero a muchos les resulta muy difícil saber qué hacer.

Aquí tienes algunas citas de jóvenes que han dado su opinión acerca de este tema.

«Uno debe estudiar una carrera con la que tendrá muchas posibilidades de encontrar trabajo».

«Es una idea romántica estudiar algo que te guste. Tienes que pensar en algo que te dé de comer, aunque no sea lo que quieras».

Tú crees que los jóvenes deben elegir su profesión para tener más salidas profesionales y no según sus preferencias. Apoya tu posición con dos argumentos más y con ejemplos, e intenta convencer a tu compañero.

Creo que lo mejor sería...
Lo más importante es...
Es imposible...

---

5 EL FUTURO LABORAL
B
ROLLENKARTE: PARNERARBEIT

Los jóvenes tienen que decidir muy pronto el camino hacia su futura vida profesional, pero a muchos les resulta muy difícil saber qué hacer.

Aquí tienes algunas citas de jóvenes que han dado su opinión acerca de este tema.

«Lo importante es hacer algo que te guste y no hacer lo que los otros digan que es mejor. Así serás más feliz en tu trabajo».

«Tienes que pensar en lo que te interesaría hacer y en tus cualidades personales. Si estudias lo que te interesa, las cosas te irán bien».

Tú crees que los jóvenes deben elegir su profesión según sus gustos y cualidades. Apoya tu posición con dos argumentos más y con ejemplos, e intenta convencer a tu compañero.

Creo que lo mejor sería...
Lo más importante es...
Es imposible...

---

6 FUGA DE CEREBROS
A
ROLLENKARTE: PARNERARBEIT

Según la cifra oficial de la Oficina Federal de Estadística de Alemania, en los últimos años ha aumentado notablemente la cifra de alemanes que emigraron al extranjero. Muchos de ellos son jóvenes con una formación académica.

Tú eres un joven con carrera universitaria, trabajaste unos meses en una empresa, pero no te renovaron el contrato y ahora llevas un año buscando un puesto de trabajo. Tu situación es la siguiente:

- Hablas 4 idiomas y tienes experiencia laboral.
- Tienes muchos gastos: alquiler, comida...
- Te gustaría trabajar en una empresa internacional.
- Deseas que se te reconozca tu trabajo.
- Quieres ganar un sueldo conforme a tu formación.

Habla con tu compañero y explícale por qué has decidido irte a otro país.

Pienso que lo mejor sería...
Yo creo que si me fuera al extranjero...
Aquí no puedo trabajar porque...
Mi plan es...

---

6 FUGA DE CEREBROS
B
ROLLENKARTE: PARNERARBEIT

Según la cifra oficial de la Oficina Federal de Estadística de Alemania, en los últimos años ha aumentado notablemente la cifra de alemanes que emigraron al extranjero. Muchos de ellos son jóvenes con una formación académica.

Tú eres un empresario que necesita mano de obra cualificada, pero no la encuentras. Tu situación es la siguiente:

- Tienes una empresa que funciona, pero no encuentras jóvenes que quieran trabajar en ella.
- Crees que la situación económica va a cambiar pronto y podrás pagar mejores sueldos.
- Piensas que los jóvenes son el recurso natural más importante que posee el país.

Habla con tu compañero e intenta convencerlo para que no se vaya al extranjero.

Yo creo que no es necesario que...
He pensado que quizás si...
Sería mucho mejor...
Yo creo que deberías...

---

1 CUOTA FEMENINA
ROLLENKARTE: GRUPPENARBEIT A

Actualmente, en Europa, las mujeres ocupan solo un 13,7% de los puestos de dirección. Muy pocos Gobiernos europeos tienen cuotas para impulsar la mayor presencia femenina en la dirección de las empresas. Por eso la Comisión Europea ha propuesto imponer una cuota femenina del 40%.

El debate a favor y en contra de la cuota femenina en las empresas está más vivo que nunca.

Imagínate que la empresa en la que trabajas ha decidido imponerla partir del próximo año.

PRO

Elige uno de los siguientes papeles y defiende tu postura:

1. **Una chica que busca trabajo desde hace un año.**
2. **Un director de una compañía que piensa que la presencia de la mujer ayudará a que la empresa tenga éxito.**
3. **Un político que apuesta por la igualdad entre hombres y mujeres.**

Klett

 ISBN 978-3-12-536911-5

1 CUOTA FEMENINA
ROLLENKARTE: GRUPPENARBEIT B

Actualmente, en Europa, las mujeres ocupan solo un 13,7% de los puestos de dirección. Muy pocos Gobiernos europeos tienen cuotas para impulsar la mayor presencia femenina en la dirección de las empresas. Por eso la Comisión Europea ha propuesto imponer una cuota femenina del 40%.

El debate a favor y en contra de la cuota femenina en las empresas está más vivo que nunca.

Imagínate que la empresa en la que trabajas ha decidido imponerla partir del próximo año.

CONTRA

Elige uno de los siguientes papeles y defiende tu postura:

1. **Un chico que busca trabajo desde hace un año y piensa que no se debe ocupar un puesto de trabajo solo por ser mujer.**
2. **Un director de una empresa que cree que los puestos de trabajo se ocupan por méritos propios.**
3. **Un político que piensa que la medida va en contra del principio de igualdad.**

Klett

 ISBN 978-3-12-536911-5

2 COCINA MOLECULAR
ROLLENKARTE: GRUPPENARBEIT A

La cocina molecular, la tendencia más vanguardista en gastronomía, prepara los alimentos teniendo en cuenta sus propiedades físico-químicas y usando procesos tecnológicos (p. ej., el uso de nitrógeno líquido) presenta a los alimentos como espumas, geles, gases, etc. Su máximo representante es Ferrán Adrià, uno de los mejores chefs del mundo. En su restaurante, el Bulli, creó infinidad de platos como los globos de tomate o caviar de sandía… El precio medio por persona era de unos 200 euros.

Imagínate que el ayuntamiento de tu ciudad quiere ceder el restaurante del Museo de Arte para abrir un restaurante especializado en cocina molecular.

PRO

Elige uno de los siguientes papeles y busca argumentos para defender tu postura a favor de la apertura de un restaurante así:

1. **Un redactor de una revista de cocina que está buscando nuevas ideas para la redacción.**
2. **Un cocinero joven que acaba de empezar en un restaurante de cocina vanguardista.**
3. **Un cliente rico que está aburrido de comer siempre fuera de casa y al que le gusta probar todos los días algo nuevo.**

Klett

 ISBN 978-3-12-536911-5

2 COCINA MOLECULAR
ROLLENKARTE: GRUPPENARBEIT B

La cocina molecular, la tendencia más vanguardista en gastronomía, prepara los alimentos teniendo en cuenta sus propiedades físico-químicas y usando procesos tecnológicos (p. ej., el uso de nitrógeno líquido) presenta a los alimentos como espumas, geles, gases, etc. Su máximo representante es Ferrán Adrià, uno de los mejores chefs del mundo. En su restaurante, el Bulli, creó infinidad de platos como los globos de tomate o caviar de sandía… El precio medio por persona era de unos 200 euros.

Imagínate que el ayuntamiento de tu ciudad quiere ceder el restaurante del Museo de Arte para abrir un restaurante especializado en cocina molecular.

CONTRA

Elige uno de los siguientes papeles y busca argumentos para defender tu postura en contra de la apertura de un restaurante así:

1. **Un dueño de un restaurante de cocina tradicional que piensa que esto es solo una moda.**
2. **Un ama de casa que valora la utilización de productos frescos y de temporada.**
3. **Un médico que está en contra de la transformación de los alimentos con técnicas de laboratorio.**

Klett

 ISBN 978-3-12-536911-5

3 ¡¿SPANGLISH, LENGUA O NO?! A

ROLLENKARTE: GRUPPENARBEIT

Spanglish es el término con el que se conoce a la mezcla de inglés y español que utilizan los hispanos en Estados Unidos y que está empezando a extenderse por Latinoamérica. Ejemplos:

- Vamos a ir shopping, pues hay un sale en el mall.
- ¿Dónde parkeaste el carro que no lo encuentro?
- Voy a comprar una cheeseburger para mi lonche.
- Te llamo para atrás.

En los últimos años muchas televisiones, editoriales y programas de radio lo usan en lugar de un inglés o un español estándar. Hay opiniones a favor y en contra.

PRO

Elige uno de los siguientes papeles y busca argumentos para defender tu postura:

1. **Un mexicano que vive desde hace veinte años en EE.UU. y usa spanglish.**
2. **Un catedrático de Lengua Española de una universidad norteamericana que ve el spanglish como una nueva lengua.**
3. **Una escritora de literatura en spanglish que cree que este es una muestra de creatividad y de dinamismo.**

---

3 ¡¿SPANGLISH, LENGUA O NO?! B

ROLLENKARTE: GRUPPENARBEIT

Spanglish es el término con el que se conoce a la mezcla de inglés y español que utilizan los hispanos en Estados Unidos y que está empezando a extenderse por Latinoamérica. Ejemplos:

- Vamos a ir shopping, pues hay un sale en el mall.
- ¿Dónde parkeaste el carro que no lo encuentro?
- Voy a comprar una cheeseburger para mi lonche.
- Te llamo para atrás.

En los últimos años muchas televisiones, editoriales y programas de radio lo usan en lugar de un inglés o un español estándar. Hay opiniones a favor y en contra.

CONTRA

Elige uno de los siguientes papeles y busca argumentos para defender tu postura:

1. **Un político norteamericano que ve en el spanglish un problema para la adaptación e integración al país.**
2. **Un empresario mexicano que piensa que es un obstáculo para alcanzar el éxito en el mundo laboral.**
3. **Un hispanohablante recién llegado a EE.UU. que no entiende nada de lo que le dicen.**

© Ernst Klett Verlag GmbH, Stuttgart 2013.
Alle Rechte vorbehalten. ISBN 978-3-12-536911-5

4 EL NARCOCORRIDO A

ROLLENKARTE: GRUPPENARBEIT

Es un género musical muy popular en México y EE.UU. Las canciones tratan de personas o acontecimientos relacionados con el narcotráfico: de amores, traiciones, muertes y ajustes de cuentas entre vendedores y productores de marihuana y cocaína. Presenta a los narcotraficantes como héroes y a la policía como su enemigo. El éxito de los narcocorridos se encuentra tanto en la afición popular por esta música, como en el interés por las historias de los narcotraficantes. En México la ley prohíbe la transmisión de esta música.

PRO

Elige uno de los siguientes papeles y busca argumentos para defender tu postura a favor de la prohibición:

1. **Una trabajadora social que se ocupa de jóvenes que acaban de dejar la droga.**
2. **Un padre / madre de un jóven asesinado en un ajuste de cuentas entre narcotraficantes.**
3. **Un joven que lucha por encontrar un hueco en el mundo de la música.**

© Ernst Klett Verlag GmbH, Stuttgart 2013.
Alle Rechte vorbehalten. ISBN 978-3-12-536911-5

4 EL NARCOCORRIDO B

ROLLENKARTE: GRUPPENARBEIT

Es un género musical muy popular en México y EE.UU. Las canciones tratan de personas o acontecimientos relacionados con el narcotráfico: de amores, traiciones, muertes y ajustes de cuentas entre vendedores y productores de marihuana y cocaína. Presenta a los narcotraficantes como héroes y a la policía como su enemigo. El éxito de los narcocorridos se encuentra tanto en la afición popular por esta música, como en el interés por las historias de los narcotraficantes. En México la ley prohíbe la transmisión de esta música.

CONTRA

Elige uno de los siguientes papeles y busca argumentos para defender tu postura en contra de la prohibición:

1. **Un crítico musical que considera este tipo de música como una nueva forma de expresión popular.**
2. **Un cantante de narcocorrido que no tiene otra manera de ganarse la vida.**
3. **Un político que cree que no debe haber censura en el arte.**

© Ernst Klett Verlag GmbH, Stuttgart 2013.
Alle Rechte vorbehalten. ISBN 978-3-12-536911-5

5 GUERRA DEL AGUA

ROLLENKARTE: GRUPPENARBEIT

A

La Organización de las Naciones Unidas (ONU) declaró el 22 de marzo Día Mundial del Agua. El agua es un recurso necesario para vivir. Después de mucho esfuerzo llega a nuestras casas lista para consumir. Para mejorar su gestión (prestación de servicios, control de calidad…) algunos defienden la privatización como algo necesario, pero muchos ecologistas están en contra porque no se tienen en cuenta cuestiones medioambientales como por ejemplo la protección de las aguas subterráneas.

El ayuntamiento de tu ciudad quiere vender la compañía municipal de agua a una empresa privada.

PRO

Elige uno de los siguientes papeles y busca argumentos para defender tu postura:

1. **Un alcalde que quiere reducir los gastos públicos de su ayuntamiento.**
2. **Un dueño de una empresa embotelladora de agua que ha creado cien puestos de trabajo.**
3. **Un ciudadano que piensa que así el agua será más barata porque habrá mayor competitividad entre las empresas del mercado.**

Klett

 ISBN 978-3-12-536911-5

5 GUERRA DEL AGUA

ROLLENKARTE: GRUPPENARBEIT

B

La Organización de las Naciones Unidas (ONU) declaró el 22 de marzo Día Mundial del Agua. El agua es un recurso necesario para vivir. Después de mucho esfuerzo llega a nuestras casas lista para consumir. Para mejorar su gestión (prestación de servicios, control de calidad…) algunos defienden la privatización como algo necesario, pero muchos ecologistas están en contra porque no se tienen en cuenta cuestiones medioambientales como por ejemplo la protección de las aguas subterráneas.

El ayuntamiento de tu ciudad quiere vender la compañía municipal de agua a una empresa privada.

CONTRA

Elige uno de los siguientes papeles y busca argumentos para defender tu postura:

1. **Un político de un partido ecologista para el que el agua tiene un papel vital, social, cultural y ecológico.**
2. **Un agricultor que ve como el recibo mensual del agua es cada vez más caro.**
3. **Un ciudadano que ve que los servicios básicos no se cumplen y no cree que el agua deba ser considerada un producto que dependa de las fuerzas del mercado.**

Klett

 ISBN 978-3-12-536911-5

6 BIENVENIDO A LOS EE.UU.

ROLLENKARTE: GRUPPENARBEIT

A

En 2012 México ocupaba el tercer puesto en migración por detrás de la India y China. EE.UU. representa el principal destino de los migrantes mexicanos. La migración no solo causa problemas sociales y de integración, sino que también produce un enriquecimiento para el país de destino y para el país de origen, por ejemplo, con las remesas de dinero que los emigrantes envían a sus familiares. Sin embargo, también hay que tener en cuenta que la población joven y cualificada que emigra supone una pérdida para el país de origen.

Imagínate que EE.UU. ha decidido hacer más difícil la entrada de emigrantes en el país.

CONTRA

Elige uno de los siguientes papeles y busca argumentos para defender tu postura:

1. **Un ciudadano mexicano que lleva mucho tiempo en paro y ve su futuro en los EE.UU.**
2. **Un empresario americano que cree que los emigrantes aportan una formación profesional elevada y contribuyen al crecimiento de la empresa.**
3. **Un político de un partido liberal que piensa que la migración contribuye al desarrollo social de su país.**

Klett

 ISBN 978-3-12-536911-5

6 BIENVENIDO A LOS EE.UU.

ROLLENKARTE: GRUPPENARBEIT

B

En 2012 México ocupaba el tercer puesto en migración por detrás de la India y China. EE.UU. representa el principal destino de los migrantes mexicanos. La migración no solo causa problemas sociales y de integración, sino que también produce un enriquecimiento para el país de destino y para el país de origen, por ejemplo, con las remesas de dinero que los emigrantes envían a sus familiares. Sin embargo, también hay que tener en cuenta que la población joven y cualificada que emigra supone una pérdida para el país de origen.

Imagínate que EE.UU. ha decidido hacer más difícil la entrada de emigrantes en el país.

CONTRA

Elige uno de los siguientes papeles y busca argumentos para defender tu postura:

1. **Un ciudadano norteamericano que está en paro.**
2. **Un ciudadano mexicano que piensa que los hispanos en los EE.UU. solo consiguen trabajos poco cualificados y ve que el país de origen pierde a buenos profesionales.**
3. **Un trabajador social de los EE.UU. que se dedica a tratar problemas de segregación y de adaptación al nuevo país.**

Klett

 ISBN 978-3-12-536911-5

B

A

B

A

1 LA FELICIDAD A

1. ¿Qué es para ti la felicidad? Mira esta nube de palabras y decide qué palabras relacionas tú con la felicidad.
2. Tu compañero tiene las mismas palabras. Habla con él y discutid si todos estos conceptos tienen realmente algo que ver con ser feliz.
3. Entrevista a tu compañero. Pregúntale qué tres factores son para él los más importantes para ser feliz y cuándo fue la última vez que se sintió feliz y por qué.

Para mí lo más importante es…
No es cierto que…
Está claro que…

Klett

1 LA FELICIDAD B

1. ¿Qué es para ti la felicidad? Mira esta nube de palabras y decide qué palabras relacionas tú con la felicidad.
2. Tu compañero tiene las mismas palabras. Habla con él y discutid si todos estos conceptos tienen realmente algo que ver con ser feliz.
3. Entrevista a tu compañero. Pregúntale qué tres factores son para él los más importantes para ser feliz y cuándo fue la última vez que se sintió feliz y por qué.

Para mí lo más importante es…
No es cierto que…
Está claro que…

Klett

2 TRABAJOS CURIOSOS A

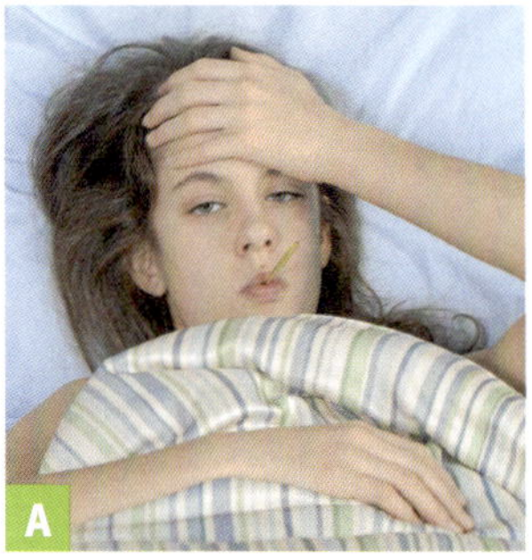
A

B

1. Mira estas fotos sobre trabajos curiosos. Haz suposiciones sobre el tipo de trabajo que es. Tu compañero tiene las soluciones.
2. Tu compañero tiene otras fotografías. Él te va a explicar qué tipo de trabajos cree que son. Comenta con él si sus suposiciones son ciertas. Dale las soluciones:
   a) probar los gustos de los helados nuevos
   b) probar videojuegos para ver si tienen fallos y si funcionan
3. Discutid sobre si estos trabajos os parecen necesarios. Después pensad en otro trabajo curioso, pero que creáis que es útil y decid por qué.

Klett

2 TRABAJOS CURIOSOS B

A

B

1. Mira estas fotos sobre trabajos curiosos. Haz suposiciones sobre el tipo de trabajo que es. Tu compañero tiene las soluciones.
2. Tu compañero tiene otras fotografías. Él va a explicártelas. Comenta con él si sus suposiciones son ciertas. Dale las soluciones:
   a) hacer de enfermo imaginario para estudiantes de medicina
   b) calentar las camas en un hotel antes de que lleguen los huéspedes
3. Discutid sobre si estos trabajos os parecen necesarios. Después pensad en otro trabajo curioso, pero que creáis que es útil y decid por qué.

Klett

B

A

B

A

3 ¿QUÉ HABRÁ PASADO? A

1. Lee el siguiente caso curioso y piensa qué ha podido pasar. Explícale tus suposiciones a tu compañero.

   Paul Karazon era un hombre normal que vivía en EE.UU. Un día un amigo suyo fue a visitarlo y se quedó muy sorprendió: ¡Paul estaba azul!

2. Tu compañero tiene una foto curiosa y va a decirte qué cree que es. Lee la información y explícale qué ha pasado realmente.

El aeropuerto de Gibraltar es uno de los más pequeños del mundo. Se encuentra en el centro de la ciudad. Su pista de 1.829 metros de longitud cruza la avenida Winston Churchill. Por eso tiene semáforos y barreras que se cierran cuando los aviones van a aterrizar o a despegar.

3 ¿QUÉ HABRÁ PASADO? B

1. Lee el siguiente caso curioso y piensa qué ha podido pasar. Explícale tus suposiciones a tu compañero.

   Este avión está circulando por una carretera. ¡Por suerte, el semáforo está en rojo para los coches!

2. Tu compañero tiene una foto curiosa y va a decirte qué cree que es. Lee la información y explícale qué ha pasado realmente.

Paul Karazon padece argiria, una enfermedad producida por el contacto con la plata. Paul tenía muchos gatos y un día enfermó de dermatitis. Se aplicó una pomada hecha a base de plata y que usaba para curar las heridas de sus gatos.

4 SUCESOS PARANORMALES A

Las caras de Bélmez

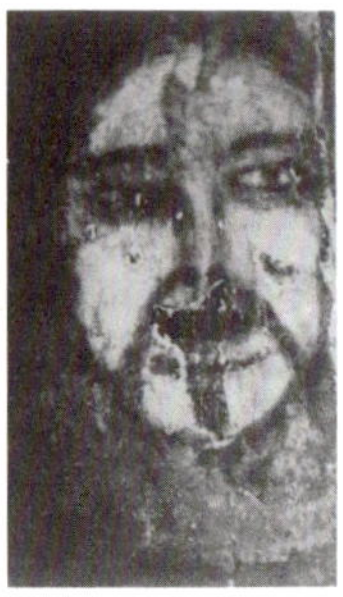

Todo comenzó en 1971, en el pueblo de Bélmez, en Jaén. Una mujer observó en el suelo de su cocina una mancha que se convirtió en un rostro humano.

Al poco tiempo apareció una mancha nueva con otro rostro y después más. Para explicar el suceso, excavaron el suelo de la casa y hallaron huesos. La casa en la que aparecen los rostros está situada sobre un antiguo cementerio.

1. Explícale a tu compañero este suceso.
2. Da tu opinión sobre el suceso que acabas de leer.
3. Expón tu opinión sobre el suceso que te explicará tu compañero.
4. Comentad qué opinión tenéis de los fenómenos paranormales. Dad ejemplos.

Estoy seguro,-a de que ...
Me parece increíble que (+ subjuntivo)
Quizá(s) / A lo mejor ...

4 SUCESOS PARANORMALES B

El fantasma del Palacio de Linares

En el Palacio de Linares de Madrid se dice que aparece el fantasma de la hija del antiguo Marqués de Linares.

En 1990, un investigador hizo una grabación en la que se oía la voz de una niña que llamaba a su madre. Un par de años después, y en otra grabación, se oía la voz de una mujer que lloraba por su hija.

1. Explícale a tu compañero este suceso.
2. Da tu opinión sobre el suceso que acabas de leer.
3. Expón tu opinión sobre el suceso que te explicará tu compañero.
4. Comentad qué opinión tenéis de los fenómenos paranormales. Dad ejemplos.

Estoy seguro,-a de que ...
Me parece increíble que (+ subjuntivo)
Quizá(s) / A lo mejor ...

B

A

B

A

5 LA INMIGRACIÓN ILEGAL A

Yassin es un inmigrante ilegal que vive en España sin papeles. Aquí tienes la información más importante de cómo llegó a España.

Origen del viaje: Marruecos
Motivo: encontrar una vida mejor / difícil conseguir trabajo en Marruecos
Tipo de viaje: viaje en una patera pequeña con 50 pasajeros
El viaje: peligroso, hambre, sed, mareos y miedo; posibilidad de morirse por no saber nadar
Coste del viaje: entre 1000 y 3000 euros
Final del viaje: inmigrante ilegal, sin papeles, con miedo a ser detenido

1. Con la ayuda de la foto y de la información de arriba, cuéntale a tu compañero la historia de Yassin.
2. Juntos hablad sobre lo que tienen en común las historias y lo que es diferente.
3. Discute con tu compañero sobre cómo puede ser la vida de los dos ahora y qué problemas tendrán.

Klett

5 LA INMIGRACIÓN ILEGAL B

Joaquín es un inmigrante ilegal que vive en EE.UU. sin papeles. Aquí tienes la información más importante de cómo llegó a los Estados Unidos.

Origen del viaje: Tijuana, México
Motivo: una vida más fácil / conseguir trabajo
Tipo de viaje: de noche por un túnel
El viaje: muchos peligros, muchos arrestos, posibilidad de que le roben, miedo
Final del viaje: inmigrante ilegal en Los Ángeles, tener que esperar mucho tiempo para el permiso de residencia, vivir sin familia

1. Con la ayuda de la foto y de la información de arriba, cuéntale a tu compañero la historia de Joaquín.
2. Juntos hablad sobre lo que tienen en común las historias y lo que es diferente.
3. Discute con tu compañero sobre cómo puede ser la vida de los dos ahora y qué problemas tendrán.

Klett

6 JÓVENES EN ALEMANIA A

Con tu compañero vais a comentar cómo son los jóvenes en Alemania. Hazle preguntas sobre los siguientes puntos. Después él te las hará a ti.

Tiempo libre:
- Actividades entre semana / fines de semana
- Deportes
- Música

Política:
- Interés por la política: Sí / No
- Voto electoral

Religión:
- Religiones mayoritarias
- Interés por la religión: Sí / No

Klett

6 JÓVENES EN ALEMANIA B

Con tu compañero vais a comentar cómo son los jóvenes en Alemania. Tú compañero empieza con la entrevista y, después te toca a ti hacerle preguntas sobre los siguientes puntos:

Relaciones:
- Edad para formar pareja estable
- Opinión sobre el matrimonio

Familia:
- Edad para irse de casa
- Padres: Estrictos o permisivos

Carrera y trabajo:
- Edad a la que empiezan los estudios
- Profesiones más demandadas

Klett

B

A

B

A

7 HOGAR, DULCE HOGAR A

Actualmente muchos jóvenes de unos treinta continúan viviendo con sus padres. Se emancipan cada vez más tarde.
Este fenómeno se está produciendo no solo en España, sino también en otros muchos países occidentales.

1. Discute con tu compañero sobre cuáles pueden ser los motivos por los que los jóvenes no se quieren ir de casa y si crees que es bueno para los jóvenes vivir tanto tiempo con sus padres.
2. Explica cómo es la situación en tu país.
3. Comenta con tu compañero si a ti te gustaría vivir hasta los treinta años con tus padres o preferirías independizarte antes. Piensa en los pros y contras de esta situación.

7 HOGAR, DULCE HOGAR B

Actualmente muchos jóvenes de unos treinta continúan viviendo con sus padres. Se emancipan cada vez más tarde.
Este fenómeno se está produciendo no solo en España, sino también en otros muchos países occidentales.

1. Discute con tu compañero sobre cuáles pueden ser los motivos por los que los jóvenes no se quieren ir de casa y si crees que es bueno para los jóvenes vivir tanto tiempo con sus padres.
2. Explica cómo es la situación en tu país.
3. Comenta con tu compañero si a ti te gustaría vivir hasta los treinta años con tus padres o preferirías independizarte antes. Piensa en los pros y contras de esta situación.

8 CELEBRACIONES A

El 23 de abril se celebra en España desde 1930 el día del libro. Se celebra en esta fecha porque el día 23 de abril de 1616 murieron dos grandes escritores: Miguel de Cervantes y William Shakespeare.

En 1995 la Unesco proclamó esa fecha Día Mundial del Libro y del Derecho de Autor. En España, además, coincide con la entrega del Premio Cervantes, que es el premio literario más importante en lengua castellana y con el día de Sant Jordi que es el patrón de Cataluña.

1. Tu compañero tiene más información de otros acontecimientos que se celebran ese día. Hazle preguntas para averiguar esa información.
2. Explica a tu compañero cómo se celebra el Día del Libro en tu país y si existe alguna tradición en que las personas se hacen regalos entre ellas.

8 CELEBRACIONES B

En Cataluña el 23 de abril los hombres regalan rosas y las mujeres regalan un libro. Ese día las calles se llenan de rosas y de puestos de libros. Esta tradición se basa en la leyenda de Sant Jordi: antiguamente había un dragón que aterrorizaba a los habitantes. Para tranquilizarlo, le daban de comer a una chica del pueblo.

Un día le tocó a la hija del rey, una mujer joven y bella. Entonces apareció un joven caballero montado sobre un caballo blanco. Este caballero, que era Sant Jordi, luchó con el dragón y lo mató. De la sangre que derramó el dragón nació un rosal.

1. Tu compañero tiene más información de otros acontecimientos que se celebran ese día. Hazle preguntas para averiguar esa información.
2. Explica a tu compañero cómo se celebra el Día del Libro en tu país y si existe alguna tradición en que las personas se hacen regalos entre ellas.

B

A

B

A

9 MITOLOGÍA A

Las meigas o magas son personajes de la mitología gallega con poderes extraordinarios o mágicos y que pueden pactar con el diablo. Por eso algunas pueden actuar con maldad, pero otras solo son mujeres que tienen poder para curar enfermedades.

1. Resume la información del texto a tu compañero.
2. Explica por qué crees que la sociedad crea mitos y convierte en semidioses a simples mortales.
3. Habla con tu compañero de algún personaje mítico que sea famoso en tu cultura.

9 MITOLOGÍA B

Basajaun o señor del bosque es un personaje de la mitología vasca. Tenía forma humana, todo el cuerpo cubierto de pelo y una melena muy larga.
No era un ser agresivo. Protegía los rebaños y cuando se acercaban los lobos gritaba para prevenir a los pastores, por eso estos a cambio le daban un trozo de pan. También se los identifica con los primeros agricultores, y se dice que los hombres aprendieron de ellos a cultivar el trigo y a fabricar instrumentos.

1. Resume la información del texto a tu compañero.
2. Explica por qué crees que la sociedad crea mitos y convierte en semidioses a simples mortales.
3. Habla con tu compañero de algún personaje mítico que sea famoso en tu cultura.

10 TRADICIONES A

Las corridas de toros ¿arte o maltrato animal?
Los toros son una de las tradiciones españolas más conocidas en todo el mundo y al mismo tiempo la más polémica. Para algunos la corrida de toros es un ritual en el cual un torero demuestra su valentía y su arte. Pero para otros se trata de un espectáculo que solo hace daño y maltrata a un animal.

1. Resume la información del texto a tu compañero.
2. Comenta con tu compañero si crees que una de estas tradiciones es menos violenta que la otra.
3. Expón si mantendrías alguna de ellas si pudieras.
4. Discutid si es justo conservar las tradiciones o si no es mejor a veces cambiarlas cuando implican violencia.
5. Explicad qué tradiciones de tu país cambiarías.

10 TRADICIONES B

Las peleas de gallos ¿deporte o maltrato animal?
Las peleas de gallos son una tradición en muchas partes de Sudamérica. En Perú y México son legales, mientras que en en EE.UU. son consideradas ilegales. El entrenamiento y la cría de gallos es una industria importante pues genera mucho dinero debido a las apuestas que se hacen durante las peleas.

1. Resume la información del texto a tu compañero.
2. Comenta con tu compañero si crees que una de estas tradiciones es menos violenta que la otra.
3. Expón si mantendrías alguna de ellas si pudieras.
4. Discutid si es justo conservar las tradiciones o si no es mejor a veces cambiarlas cuando implican violencia.
5. Explicad qué tradiciones de tu país cambiarías.

B

A

B

A

11 CUADROS A

1. Descríbele este cuadro a tu compañero.

2. Vuestro instituto quiere poner uno de estos cuadros en el aula. Decidid cuál de los dos cuadros queréis colgar. Llegad a un acuerdo y justificad vuestra elección.

El cuadro muestra …
En el cuadro hay …
En el centro / A la izquierda / A la derecha …
Los colores le dan al cuadro un aspecto …

---

11 CUADROS B

1. Descríbele este cuadro a tu compañero.

2. Vuestro instituto quiere poner uno de estos cuadros en el aula. Decidid cuál de los dos cuadros queréis colgar. Llegad a un acuerdo y justificad vuestra elección.

El cuadro muestra …
En el cuadro hay …
En el centro / A la izquierda / A la derecha …
Los colores le dan al cuadro un aspecto …

---

12 CÓMIC A

1. Aquí tienes un cómic, pero te falta la primera viñeta. Tu compañero tiene el mismo, pero a él le falta la última. Él te va a describir el final de la historieta.
2. Explícale tú ahora cómo crees que empieza la historia.
3. Comparad ahora las imágenes y vuestras historietas con la historia real.

En la primera viñeta …
La persona tiene aspecto …
En el centro / A la izquierda / A la derecha hay …
En primer / Segundo plano se ve …
Junto a / Enfrente de … se puede observar …

---

12 CÓMIC B

1. Aquí tienes un cómic, pero te falta la última viñeta. Tu compañero tiene el mismo, pero a él le falta la primera. Él te va a describir el comienzo de la historieta.
2. Explícale tú ahora cómo crees que termina la historia.
3. Comparad ahora las imágenes y vuestras historietas con la historia real.

En la última viñeta …
La persona tiene aspecto …
En el centro / A la izquierda / A la derecha hay …
En primer / Segundo plano se ve …
Junto a / Enfrente de … se puede observar …

B

A

B

A

13 GRAFITIS A

«Estoy en contra del grafiti, es un acto de vandalismo, un delito contra la propiedad, que solo estropea las paredes de las ciudades, monumentos… El dinero que se emplea para limpiar grafitis se podría utilizar en construir hospitales y escuelas».

Discute con tu compañero estas preguntas:

- ¿Crees que se trata de un arte urbano alternativo que habría que legalizar o de un acto vandálico que debería prohibirse?
- ¿Te gustaría pintar en una pared de vez en cuando sin que nadie te diga nada?

13 GRAFITIS B

«En mi opinión el grafiti es un arte callejero con el que los jóvenes pueden expresarse libremente. Los ayuntamientos deberían legalizarlo y habilitar un tipo de paredes en las que esté permitido pintar».

Discute con tu compañero estas preguntas:

- ¿Crees que se trata de un arte urbano alternativo que habría que legalizar o de un acto vandálico que debería prohibirse?
- ¿Te gustaría pintar en una pared de vez en cuando sin que nadie te diga nada?

14 ESPAÑOLADA A

El cine español de los años 70 y 80 era, con algunas excepciones, técnicamente pobre y de presupuesto bajísimo. Faltaban buenos directores y buenas ideas por eso se utilizaba la palabra *españolada* para describir a un tipo de cine malo y hecho en España.

1. Comenta con tu compañero si en tu país existe un término así.
2. El término «malo» es relativo. Comenta con tu compañero cuándo una película es «mala» para ti.
3. Pregunta a tu compañero si le gusta ir al cine y qué tipo de películas le gustan más.
4. Infórmate de la última película que ha visto.

Para mí…
Siempre que veo una película…
Por lo general…

---

14 ESPAÑOLADA B

El cine español de los años 70 y 80 era, con algunas excepciones, técnicamente pobre y de presupuesto bajísimo. Faltaban buenos directores y buenas ideas por eso se utilizaba la palabra españolada para describir a un tipo de cine malo y hecho en España.

1. Comenta con tu compañero si en tu país existe un término así.
2. El término «bueno» es relativo. Comenta con tu compañero cuándo una película es «buena» para ti.
3. Pregunta a tu compañero si le gusta ir al cine y qué tipo de películas le gustan más.
4. Infórmate de la última película que ha visto.

En mi opinión…
Hay que tener en cuenta…
Lo que tengo claro es que…

B

A

B

A

15 QUEMADOS A

«Por la mañana no me quiero levantar. Estoy todo el día cansado, con dolor de cabeza y agresivo. Y por la noche tengo problemas de sueño».

1. Comenta con tu compañero por qué son cada vez más comunes los casos de *burnout*.
2. Piensa cuáles pueden ser las causas que provocan este fenómeno y discútelas con tu compañero.
3. Buscad entre los dos posibles soluciones al problema.

Para mí el problema está . . .
Me parece que las causas . . .
Lo mejor sería . . .

 ISBN 978-3-12-536911-5

15 QUEMADOS B

«Tengo dolor de espalda y de estómago. No me puedo concentrar, tengo problemas de memoria y me olvido de todo. No me puedo relajar».

1. Comenta con tu compañero por qué son cada vez más comunes los casos de *burnout*.
2. Piensa cuáles pueden ser las causas que provocan este fenómeno y discútelas con tu compañero.
3. Buscad entre los dos posibles soluciones al problema.

Para mí el problema está . . .
Me parece que las causas . . .
Lo mejor sería . . .

 ISBN 978-3-12-536911-5

16 ENGANCHADOS A

Los jóvenes cada vez pasan más tiempo frente al ordenador. Mira la gráfica de un estudio de la Unión Europea sobre jóvenes que pueden desarrollar una adicción a Internet.

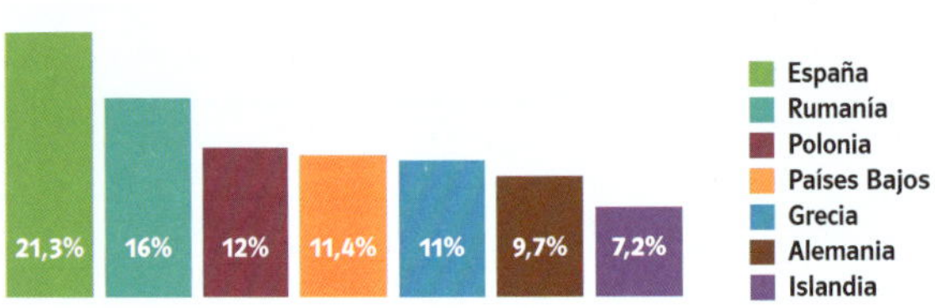

Fuente: Madridpress.com

1. Explica a tu compañero los datos de la gráfica.
2. Coméntale cuánto tiempo al día navegas por la Red y qué es para ti un uso «normal» de Internet.
3. Pregúntale si está registrado en alguna red social y por qué, y qué ventajas e inconvenientes tiene el utilizarla.

La gráfica muestra . . . / Se puede ver . . .
Cada vez más jóvenes . . .
La verdad es que . . .
Aproximadamente . . .

 ISBN 978-3-12-536911-5

16 ENGANCHADOS B

Los jóvenes cada vez pasan más tiempo frente al ordenador. Mira esta gráfica sobre las horas que pasan al día los usuarios frente a la pantalla del ordenador.

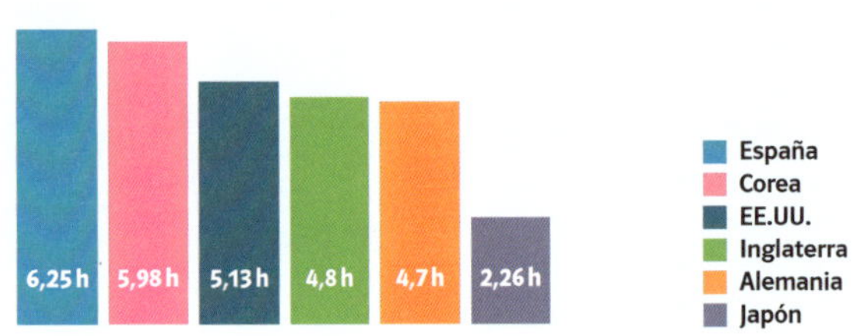

Fuente: McKinsey & Company

1. Explica a tu compañero los datos de la gráfica.
2. Coméntale cuánto tiempo al día navegas por la Red y qué es para ti un uso «normal» de Internet.
3. Pregúntale si está registrado en alguna red social y por qué, y qué ventajas e inconvenientes tiene el utilizarla.

La gráfica muestra . . . / Se puede ver . . .
Cada vez más jóvenes . . .
La verdad es que . . .
Aproximadamente . . .

 ISBN 978-3-12-536911-5

B

A

B

A

17 HISTORIA A

1. ¿Cómo es el profesor ideal para ti? Descríbeselo a tu compañero.
2. En la foto ves una imagen antigua de una clase. Descríbesela a tu compañero y explícale cómo crees que eran las clases.
3. Con la ayuda de ambas fotos comparad los papeles del profesor de antes y de hoy. Tened en cuenta los siguientes aspectos:
   - situación social (clase social…)
   - métodos de educación
   - clase (alumnos, aula…)
   - comportamiento ante los alumnos
   - autoridad (castigos, disciplina…)

 ISBN 978-3-12-536911-5

17 HISTORIA B

1. ¿Cómo es el profesor ideal para ti? Descríbeselo a tu compañero.
2. En la foto ves una imagen moderna de una clase. Descríbesela a tu compañero y explícale cómo crees que son las clases.
3. Con la ayuda de ambas fotos comparad los papeles del profesor de antes y de hoy. Tened en cuenta los siguientes aspectos:
   - situación social (clase social…)
   - métodos de educación
   - clase (alumnos, aula…)
   - comportamiento ante los alumnos
   - autoridad (castigos, disciplina…)

 ISBN 978-3-12-536911-5

18 CAMBIOS A

En 2005, España sorprendió a muchos al convertirse en el cuarto país del mundo que reconocía legalmente el matrimonio entre personas del mismo sexo. Para muchos, España no solo ha avanzado en derechos, sino que también, es cada vez más tolerante y piensan que los derechos de las personas homosexuales y de sus familias no son una cuestión ideológica sino, de derechos humanos.

Discute los siguientes aspectos con tu compañero:

- ¿Crees que en tu país, como en España, están cambiando las actitudes tradicionales en las relaciones de pareja y de familia?
- ¿Se esa convirtiendo Europa en una sociedad más abierta y tolerante?

 ISBN 978-3-12-536911-5

18 CAMBIOS B

En 2005, España sorprendió a muchos al convertirse en el cuarto país del mundo que reconocía legalmente el matrimonio entre personas del mismo sexo. Para muchos, España no solo ha avanzado en derechos, sino que también, es cada vez más tolerante y piensan que los derechos de las personas homosexuales y de sus familias no son una cuestión ideológica sino, de derechos humanos.

Discute los siguientes aspectos con tu compañero:

- ¿Crees que en tu país, como en España, están cambiando las actitudes tradicionales en las relaciones de pareja y de familia?
- ¿Se esa convirtiendo Europa en una sociedad más abierta y tolerante?

 ISBN 978-3-12-536911-5

B

A

B

A

19 VIOLENCIA DE GÉNERO A

En la última década más de 600 mujeres han muerto por violencia de género en España. El Ministerio de Sanidad, Servicios Sociales e Igualdad ha señalado que muchas de ellas no había denunciado a su agresor, por eso la Ministra pide a todos que se denuncien todas las situaciones de malos tratos.

1. Discute con tu compañero si existe o no violencia de género en vuestro país y si la sociedad castiga este delito adecuadamente.
2. Tú conoces un caso de violencia de género y quieres convencer a esta persona para que vaya a denunciarlo. Explica a tu compañero qué argumentos has utilizado para convencerla.

19 VIOLENCIA DE GÉNERO B

En la última década más de 600 mujeres han muerto por violencia de género en España. El Ministerio de Sanidad, Servicios Sociales e Igualdad ha señalado que muchas de ellas no había denunciado a su agresor, por eso la Ministra pide a todos que se denuncien todas las situaciones de malos tratos.

1. Discute con tu compañero si existe o no violencia de género en vuestro país y si la sociedad castiga este delito adecuadamente.
2. Tú has presenciado un caso de violencia de género. Piensa en varias medidas sociales y políticas para evitar la violencia de género y explícaselas a tu compañero.

20 EL CAFÉ DE COLOMBIA A

Procafecol S.A. es una empresa creada en 2002 por la Federación Nacional de Cafeteros de Colombia. Su personaje insignia es Juan Valdez, que fue creado en 1959.

Café de Colombia®

Desde entonces representa a más de quinientas mil familias cafeteras colombianas. Su compañera inseparable es la mula Conchita.

1. Con tu compañero, elige un producto típico de vuestro país o región. Buscad una figura publicitaria que lo represente (puede ser una persona, un animal o un objeto).
2. Dadle un nombre y una identidad (edad, lugar de residencia, físico, carácter, etc.).
3. Cread una frase publicitaria que resuma la visión del producto.

¿Qué te parece si…?
Si eligiéramos…
Yo propongo…

---

20 EL CAFÉ DE COLOMBIA B

Procafecol S.A. es una empresa creada en 2002 por la Federación Nacional de Cafeteros de Colombia. Su personaje insignia es Juan Valdez, que fue creado en 1959.

Café de Colombia®

Desde entonces representa a más de quinientas mil familias cafeteras colombianas. Su compañera inseparable es la mula Conchita.

1. Con tu compañero, elige un producto típico de vuestro país o región. Buscad una figura publicitaria que lo represente (puede ser una persona, un animal o un objeto).
2. Dadle un nombre y una identidad (edad, lugar de residencia, físico, carácter, etc.).
3. Cread una frase publicitaria que resuma la visión del producto.

¿Por qué no …?
Si eligiéramos…
Yo propongo…

B

A

B

A

21 TRABAJO INFANTIL A

1. Mira la foto y describe lo que ves en ella a tu compañero.
2. Escucha la descripción de la foto que tiene tu compañero.
3. Entre los dos comparad las fotos y hablad de los aspectos que son comunes y diferentes en ellas.
4. Estás convencido de que el trabajo infantil debe prohibirse. Piensa en argumentos e intenta convencer a tu compañero.

Debe prohibirse... porque...
Estoy en contra de...
No es justo que...
Es cierto que..., pero... / No puede compararse...

21 TRABAJO INFANTIL B

1. Mira la foto y describe lo que ves en ella a tu compañero.
2. Escucha la descripción de la foto que tiene tu compañero.
3. Entre los dos comparad las fotos y hablad de los aspectos que son comunes y diferentes en ellas.
4. Estás convencido de que el trabajo infantil no debe prohibirse. Piensa en argumentos e intenta convencer a tu compañero.

Es importante distinguir entre...
Me parece bien que...
Estoy de acuerdo con...
Es cierto que..., pero... / No puede compararse...

22 PINTADAS A

Lee las pintadas de esta pared:

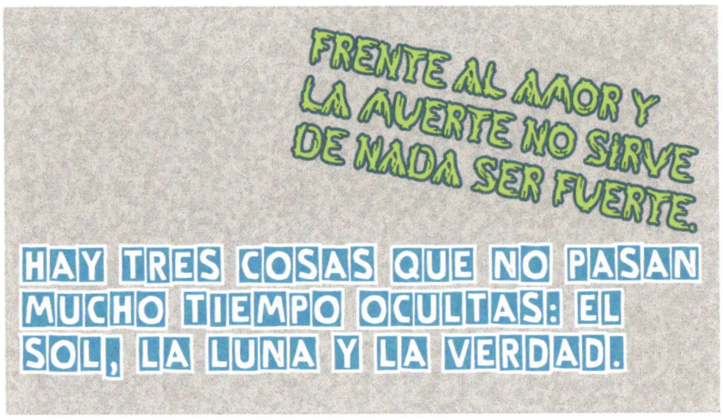

1. Explícale a tu compañero cuál es la que más te gusta y dónde se pueden leer pintadas como estas.
2. Inventad ahora unas pintadas parecidas para colgarlas en un cartel en vuestra clase.
3. ¿Cuál de las pintadas elegís y por qué?

La que más me gusta...
¿Qué te parece ...?
Yo eligiría....
Creo que es mejor ... porque...

22 PINTADAS B

Lee las pintadas de esta pared:

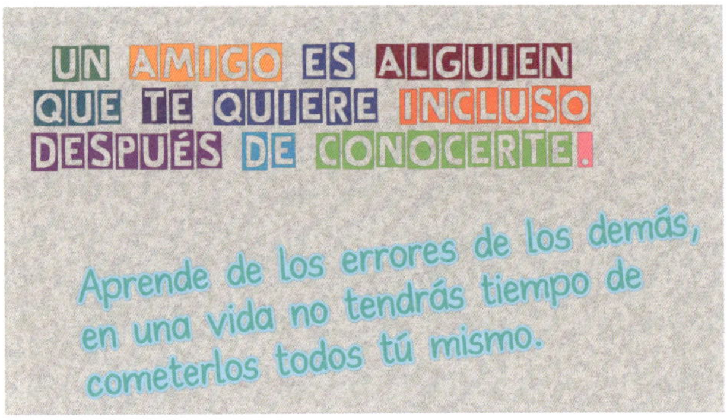

1. Explícale a tu compañero cuál es la que más te gusta y dónde se pueden leer pintadas como estas.
2. Inventad ahora unas pintadas parecidas para colgarlas en un cartel en vuestra clase.
3. ¿Cuál de las pintadas elegís y por qué?

La que más me gusta...
¿Qué te parece ...?
Yo eligiría....
Creo que es mejor ... porque...

B

A

B

A

23 DESASTRES ECOLÓGICOS A

1. Mira esta imagen y descríbesela a tu compañero.
2. Haz suposiciones: ¿qué ha podido pasar?, ¿dónde?, ¿cuándo? Tu compañero te explicará después de qué se trata.

La Amazonía, ecosistema que se extienden por varios países de América del Sur, contiene el 50% de la biodiversidad mundial. La selva amazónica es considerada el pulmón verde del planeta.
El mayor peligro es la explotación forestal comercial para fabricar productos derivados de la madera. La deforestación y los incendios hacen que la selva tropical desaparezca a un ritmo de 5200 hectáreas al día. Los científicos temen que su destrucción afecte al clima global, además de amenazar a especies únicas de fauna y flora.

23 DESASTRES ECOLÓGICOS B

1. Mira esta imagen y descríbesela a tu compañero.
2. Haz suposiciones: ¿qué ha podido pasar?, ¿dónde?, ¿cuándo? Tu compañero te explicará después de qué se trata.

El Prestige era un petrolero que se hundió en noviembre de 2002, con 77.000 toneladas de petróleo, frente a la costa gallega, en el noroeste de España. Fue una de las catástrofes medioambientales más grandes de la historia marítima, tanto por la cantidad de petróleo vertido al mar como por la extensión del área afectada, desde el norte de Portugal hasta el sur de Francia.
Miles de jóvenes acudieron a las costas gallegas para limpiar, como voluntarios, los restos de petróleo.

24 FRONTERAS A

La finalidad de la valla que existe entre Marruecos y Ceuta en España es impedir la inmigración ilegal de África a España. La siguiente cita se refiere a la situación de los inmigrantes ilegales: «Las fronteras son cicatrices en la tierra».

1. Con ayuda de la foto y de la cita explica a tu compañero la migración desde la perspectiva del inmigrante.
2. Discutid si estáis de acuerdo con las fotos y las citas y justificad vuestra respuesta.
3. Poneos de acuerdo sobre tres medidas que se podrían tomar para mejorar la situación tanto para el inmigrante como para el país receptor.

Yo (no) estoy de acuerdo con . . .
Está claro que . . .
Lo mejor sería que . . .

24 FRONTERAS B

La frontera con más cruces ilegales cada año es la que se encuentra entre los EE.UU y México.
La siguiente cita se refiere a la política de inmigración: «Las fronteras son necesarias para dificultar la inmigración ilegal».

1. Con ayuda de la foto y de la cita explica a tu compañero la migración desde la perspectiva del país receptor.
2. Discutid si estáis de acuerdo con las fotos y las citas y justificad vuestra respuesta.
3. Poneos de acuerdo sobre tres medidas que se podrían tomar para mejorar la situación tanto para el inmigrante como para el país receptor.

Yo (no) estoy de acuerdo con . . .
Está claro que . . .
Lo mejor sería que . . .

1 SE BUSCA A

Quieres pasar las vacaciones en España y para ello buscas un trabajo para poder pagarte la estancia. Lee este anuncio:

> Familia española – alemana necesita canguro para cuidar de sus gemelos de cinco años.
>
> **Buscamos:** Chico o chica con alemán como lengua materna para trabajar este verano (de junio a septiembre) de canguro en Tenerife.
>
> **Ofrecemos:** Alojamiento (habitación propia en casa de la familia), manutención y 50 euros a la semana. Fines de semana libres.
>
> **Requisitos:** Tener experiencia cuidando niños.

1. Coméntale a tu compañero de qué trabajo se trata.
2. Explica a tu compañero cuál de los dos trabajos eliges y por qué.

Yo prefiero...
Me encantaría tener este trabajo porque...
No me parece que...

Klett

 ISBN 978-3-12-536911-5

1 SE BUSCA B

Quieres pasar las vacaciones en España y para ello buscas un trabajo para poder pagarte la estancia. Lee este anuncio:

> Se necesita animador,-a para uno de nuestros campamentos infantiles en los Pirineos de Lérida.
>
> **Buscamos:** Chico o chica con alemán como lengua materna para ocuparse de las actividades de ocio y deporte.
>
> **Ofrecemos:** Alojamiento (en un bungalow con otros animadores), manutención y 300 euros al mes. Un día a la semana libre.
>
> **Requisitos:** Ser creativo, dinámico y abierto.

1. Coméntale a tu compañero de qué trabajo se trata.
2. Explica a tu compañero cuál de los dos trabajos eliges y por qué.

Para mí es más interesante...
Supongo que...
No me parece que...

Klett

 ISBN 978-3-12-536911-5

2 ESTEREOTIPOS A

Los alemanes son puntuales.

En la calle la gente habla bajo y no hay ruido.

Son serios y trabajan mucho.

LLevan siempre calcetines blancos con sandalias.

1. Lee la imagen que tienen los españoles de los alemanes.
2. Explícale a tu compañero lo que piensan los españoles de los alemanes y di con cuál de estos estereotipos (no) estás de acuerdo.
3. En pareja, contestad las siguientes preguntas:
   - ¿Hay algo de verdad en los estereotipos? ¿Por qué (no)?
   - ¿Son los estereotipos algo positivo o negativo? ¿Por qué?

Yo pienso que los estereotipos...
Yo no creo que... / Es mentira que...
A mi manera de ver...

Klett

 ISBN 978-3-12-536911-5

2 ESTEREOTIPOS B

Nunca son puntuales.

Comen paella todos los domingos.

Los españoles siempre están de fiesta.

En la calle la gente habla gritando.

1. Lee la imagen que tienen los alemanes de los españoles.
2. Explícale a tu compañero lo que piensan los alemanes de los españoles y di con cuál de estos estereotipos (no) estás de acuerdo.
3. En pareja, contestad las siguientes preguntas:
   - ¿Hay algo de verdad en los estereotipos? ¿Por qué (no)?
   - ¿Son los estereotipos algo positivo o negativo? ¿Por qué?

Yo pienso que los estereotipos...
Yo no creo que... / No es verdad que...
Mi impresión es que...

Klett

 ISBN 978-3-12-536911-5

3 ¿TÚ HARÍAS LO MISMO? A

Lee esta noticia:

José camina por la calle Gran Vía con un carro de la compra. En el fondo del carro lleva un navegador y un móvil de última generación. Los vende por 20 o 30 euros.

Vive en la calle y vive del robo desde hace un año, el tiempo que ha buscado desesperadamente un trabajo. «Casi todo lo tomo de la basura, pero si hay que robar, lo hago. Robo porque tengo que dar de comer a mis hijos», dice José.

1 Comenta con tu compañero qué te parece la conducta de José.
2. Discute con tu compañero si tú harías lo mismo si te encontraras en su misma situación ¿Por qué (no)?

Pienso que probablemente...
No es normal que...
Yo en su lugar...

3 ¿TÚ HARÍAS LO MISMO? B

Lee esta noticia:

José camina por la calle Gran Vía con un carro de la compra. En el fondo del carro lleva un navegador y un móvil de última generación. Los vende por 20 o 30 euros.

Vive en la calle y vive del robo desde hace un año, el tiempo que ha buscado desesperadamente un trabajo. «Casi todo lo tomo de la basura, pero si hay que robar, lo hago. Robo porque tengo que dar de comer a mis hijos», dice José.

1. Comenta con tu compañero qué te parece la conducta de José.
2. Discute con tu compañero si tú harías lo mismo si te encontraras en su misma situación ¿Por qué (no)?

Pienso que probablemente...
No es normal que...
Yo en su lugar...

4 LA CONVIVENCIA A

El próximo año terminas el instituto y vas a ir a estudiar a otra ciudad. Te gustaría vivir en un piso compartido, pero la convivencia no siempre es fácil.

1. Elabora una lista con los aspectos más importantes para ti a la hora de compartir un piso. Coméntalos con tu cómpañero. Comprobad si tenéis el mismo punto de vista.
2. Elabora un lista con los aspectos que más te molestan a la hora de compartir piso. Coméntalos con tu compañero. Comprobad si tenéis el mismo punto de vista.
3. Ahora que sabes qué aspectos son importantes para tu compañero y los puntos que más le molestan. Explicad si podríais compartir un piso.

Para mí es importante que (+ subjuntivo)
A mí me molesta que (+ subjuntivo)
Para mí lo peor es (+ infinitivo / sustantivo)

4 LA CONVIVENCIA B

El próximo año terminas el instituto y vas a ir a estudiar a otra ciudad. Te gustaría vivir en un piso compartido, pero la convivencia no siempre es fácil.

1. Elabora una lista con los aspectos más importantes para ti a la hora de compartir un piso. Coméntalos con tu cómpañero. Comprobad si tenéis el mismo punto de vista.
2. Elabora un lista con los aspectos que más te molestan a la hora de compartir piso. Coméntalos con tu compañero. Comprobad si tenéis el mismo punto de vista.
3. Ahora que sabes qué aspectos son importantes para tu compañero y los puntos que más le molestan. Explicad si podríais compartir un piso.

Para mí es importante que (+ subjuntivo)
A mí me molesta que (+ subjuntivo)
Para mí lo peor es (+ infinitivo / sustantivo)

5 EXTRAESCOLARES A

Las actividades extraescolares son actividades que se practican fuera del horario de colegio. Pueden ser tanto para ampliar los estudios o conocimientos (clases de música, idioma, etc.) como deportivas (fútbol, baloncesto, etc.).

Las actividades extraescolares son necesarias porque, además de mejorar habilidades, fomentan la autoestima y ofrecen oportunidades de desarrollo social: los alumnos suelen hacerse amigos de otros chicos que tienen intereses similares. Además, facilitan a los jóvenes otro tipo de convivencia diferente de la familiar. Con ellas es posible aprender valores como el compañerismo y el respeto. Valores muy necesarios para mejorar la sociedad actual.

Defiende frente a tu compañero que las actividades extraescolares son necesarias.

Según mi opinión
Me parece bien / mal que (+ subjuntivo)
La verdad es que...

---

5 EXTRAESCOLARES B

Las actividades extraescolares son actividades que se practican fuera del horario de colegio. Pueden ser tanto para ampliar los estudios o conocimientos (clases de música, idioma, etc.) como deportivas (fútbol, baloncesto, etc.).

Las actividades extraescolares son una pérdida de tiempo. Nada hay tan lamentable como el niño que sale del colegio con todos los deberes y que, además, tiene la tarde ocupada con ridículas actividades que no le interesan. Actividades impuestas en su mayoría por los padres.

Defiende frente a tu compañero que las actividades extraescolares no son necesarias.

Según mi opinión
Me parece bien / mal que (+ subjuntivo)
Es absurdo que...

---

6 MARCAS DE MODA A

La marca *Custo Barcelona* nació en los años 80 cuando Custo Dalmau empezó a crear camisetas con materiales y diseños originales. La filosofía de la marca es la originalidad y salirse de las normas de la moda y el estilo. El éxito internacional llegó cuando el diseñador se fue a EE.UU. y su ropa empezó a aparecer en series de televisión como *Friends* o *Sexo en Nueva York*. Desde entonces la marca no ha parado de crecer y ahora ofrece además de ropa y complementos, perfumes, gafas de sol o bolsos. Actualmente tiene más de 3000 tiendas en todo el mundo.

Tu compañero tiene los datos de la marca *Desigual*. Tú necesitas información sobre esa marca. Pregunta a tu compañero sobre:

- Origen y creadores
- Diseño y filosofía
- Productos
- Presencia internacional

¿Podrías decirme...?
Necesito saber...
¿Me puedes explicar...?

---

6 MARCAS DE MODA B

Desigual se fundó en Barcelona por el suizo Thomas Meyer en 1984. Su idea era crear ropa diferente y original a precios accesibles. El éxito empezó en 2002, cuando Manel Adell entró en la compañía y la lideró. *Desigual* produce ropa y complementos (bolsos, zapatos, pañuelos, etc.) y su filosofía es «ser diferente», de ahí los eslóganes de la marca: «No es lo mismo», «La vida es chula», etc. Es conocida por sus coloridos diseños de *patchwork*, por su estrategia en la captación de clientes y el uso que hace del espacio (tiendas) y los materiales. Está presente en más de 50 países de todo el mundo.

Tu compañero tiene los datos de la marca *Custo Barcelona*. Tú necesitas información sobre esa marca. Pregunta a tu compañero sobre:

- Origen y creadores
- Diseño y filosofía
- Productos
- Presencia internacional

¿Podrías decirme...?
Necesito saber...
¿Me puedes explicar...?

---

7 ALIMENTACIÓN A

Cada día más jóvenes abandonan la dieta mediterránea. Prefieren la carne más que el pescado, consumen gran cantidad de leche y productos lácteos, toman muy pocas ensaladas, verduras y frutas. Además, ha aumentado el consumo de comida rápida y alimentos ricos en calorías. Todo esto hace que los jóvenes desarrollen problemas digestivos, trastornos alimenticios, enfermedades cardiovasculares e, incluso, obesidad.

1. Comenta con tu compañero si tú crees que la alimentación de los jóvenes ha cambiado.
2. ¿Sabes lo que es la dieta mediterránea? Da tu opinión sobre este tipo de alimentación.
3. Con tu compañero discute cómo se podrían prevenir los problemas mencionados en el texto.
4. Llega a un acuerdo con tu compañero sobre tres puntos fundamentales para tener una alimentación saludable.

7 ALIMENTACIÓN B

Cada día más jóvenes abandonan la dieta mediterránea. Prefieren la carne más que el pescado, consumen gran cantidad de leche y productos lácteos, toman muy pocas ensaladas, verduras y frutas. Además, ha aumentado el consumo de comida rápida y alimentos ricos en calorías. Todo esto hace que los jóvenes desarrollen problemas digestivos, trastornos alimenticios, enfermedades cardiovasculares e, incluso, obesidad.

1. Comenta con tu compañero si tú crees que la alimentación de los jóvenes ha cambiado.
2. ¿Sabes lo que es la dieta mediterránea? Da tu opinión sobre este tipo de alimentación.
3. Con tu compañero discute cómo se podrían prevenir los problemas mencionados en el texto.
4. Llega a un acuerdo con tu compañero sobre tres puntos fundamentales para tener una alimentación saludable.

© Ernst Klett Verlag GmbH, Stuttgart 2013.
Alle Rechte vorbehalten. ISBN 978-3-12-536911-5

8 CINE A

El cine chileno actual, que recoge los cambios culturales sufridos en el país, ha experimentado un enorme crecimiento en los últimos años.

Tú tienes los datos de una película chilena y tu compañero de otra distinta. Hazle preguntas para informarte sobre su película: título, director, argumento, etc.

Título: No
Director: Pablo Larraín
Duración: 115 min.
Año: 2012
Actores: Gael García Bernal, Luis Gnecco, Alfredo Castro

Argumento: En 1988 el dictador Pinochet se ve obligado por la comunidad internacional a convocar un referendum sobre el apoyo a su presidencia. Los líderes de la oposición convencen a un joven creativo de publicidad, René Saavedra, para que se encargue de la campaña a favor del no. Con recursos limitados y bajo la vigilancia de la policía Saavedra y su equipo crean un plan para ganar el referendum y liberar a su país de la opresión.

© Ernst Klett Verlag GmbH, Stuttgart 2013.
Alle Rechte vorbehalten. ISBN 978-3-12-536911-5

8 CINE B

El cine chileno actual, que recoge los cambios culturales sufridos en el país, ha experimentado un enorme crecimiento en los últimos años.

Tú tienes los datos de una película chilena y tu compañero de otra distinta. Hazle preguntas para informarte sobre su película: título, director, argumento, etc.

Título: Prefiero dormir
Director: Sergio Castro San Martín
Duración: 81 min.
Año: 2012
Actores: Javiera Buzeta, Francisca Castro, Constanza Lizama

Argumento: Una joven actriz chilena viaja a Barcelona para comenzar el rodaje de su próxima película. Pero inesperadamente, abandona la filmación e inicia un recorrido por una serie de ciudades europeas en busca de un secreto guardado durante los últimos años de su vida.

© Ernst Klett Verlag GmbH, Stuttgart 2013.
Alle Rechte vorbehalten. ISBN 978-3-12-536911-5

9 TURISMO ALTERNATIVO A

Aquí tienes otras formas de hacer turismo:

- El turismo de aeropuerto consiste en pasar 24 horas en un aeropuerto sin tomar ningún vuelo. Lo que se puede hacer: visitar los diferentes restaurantes y tiendas, pasear por las salas de espera y observar las prisas de los viajeros.
- El turismo paparazzi consiste en perseguir a los amigos en sus vacaciones con una cámara de fotos y sin que ellos lo sepan. A su vuelta, se les enseña las fotos en forma de revista, como si fueran personajes famosos.

Tú crees que estas formas de viajar son divertidas y diferentes y se pueden considerar como turismo.

Piensa en dos argumentos para apoyar tu postura e intenta convencer a tu compañero para hacer una de estas dos formas de turismo en el futuro.

A mí modo de ver…
Me parece bien / mal que (+ subjuntivo)
¿Por qué no…?

9 TURISMO ALTERNATIVO B

Aquí tienes otras formas de hacer turismo:

- El turismo de aeropuerto consiste en pasar 24 horas en un aeropuerto sin tomar ningún vuelo. Lo que se puede hacer: visitar los diferentes restaurantes y tiendas, pasear por las salas de espera y observar las prisas de los viajeros.
- El turismo paparazzi consiste en perseguir a los amigos en sus vacaciones con una cámara de fotos y sin que ellos lo sepan. A su vuelta, se les enseña las fotos en forma de revista, como si fueran personajes famosos.

Tú crees que estas formas de viajar son una tontería y no se pueden considerar una forma de turismo.

Piensa en dos argumentos para apoyar tu postura e intenta convencer a tu compañero para no hacer ninguna de estas dos formas de turismo en el futuro.

A mí modo de ver…
Me parece bien / mal que (+ subjuntivo)
¿Por qué no…?

© Ernst Klett Verlag GmbH, Stuttgart 2013.
Alle Rechte vorbehalten. ISBN 978-3-12-536911-5

10 SABER VENDERSE A

Has visto este anuncio en el periódico:

> Se buscan chicos y chicas para trabajar como monitor de tiempo libre en un campamento de verano internacional en Ibiza. Se necesitan conocimientos de alemán, español e inglés, haber cumplido los 16 años y tener un título de bachillerato.

Tu compañero y tú os estáis preparando para la entrevista. Habla con él sobre los siguientes puntos:

- estrategias para hacer una buena entrevista
- vuestros puntos fuertes

Desde mi punto de vista…
Propongo que…
Es importante / es necesario que (+ subjuntivo)
¿Por qué no…?
Es lógico que…

© Ernst Klett Verlag GmbH, Stuttgart 2013.
Alle Rechte vorbehalten. ISBN 978-3-12-536911-5

10 SABER VENDERSE B

Has visto este anuncio en el periódico:

> Se buscan chicos y chicas para trabajar como monitor de tiempo libre en un campamento de verano internacional en Ibiza. Se necesitan conocimientos de alemán, español e inglés, haber cumplido los 16 años y tener un título de bachillerato.

Tu compañero y tú os estáis preparando para la entrevista. Habla con él sobre los siguientes puntos:

- las preguntas que creéis que os van a hacer
- el comportamiento que tenéis que tener durante la entrevista

Desde mi punto de vista…
Propongo que…
Es importante / es necesario que (+ subjuntivo)
¿Por qué no…?
Es lógico que…

© Ernst Klett Verlag GmbH, Stuttgart 2013.
Alle Rechte vorbehalten. ISBN 978-3-12-536911-5

11 CITAS RÁPIDAS A

Speed dating es una manera de conocer gente de forma rápida, divertida y segura. Este concepto original y sorprendente consiste en agrupar en un local a grupos de mujeres y hombres. Estos tienen unos minutos para presentarse y conquistar a la persona que está sentada enfrente.

Discute con tu compañero los siguientes puntos:

- ¿Qué opinas de las citas rápidas?
- ¿A qué público va dirigido?
- ¿Para qué personas es bueno y para quiénes no?
- ¿Participarías tú en una cita? ¿Por qué (no)?
- ¿Qué otras formas de conocer gente le propondrías tú a un amigo tuyo?

Supongo que...
A mí (no) me gusta...
(No) es normal...
Es increíble que...
Me parece bien / mal que...

Klett

 ISBN 978-3-12-536911-5

11 CITAS RÁPIDAS B

Speed dating es una manera de conocer gente de forma rápida, divertida y segura. Este concepto original y sorprendente consiste en agrupar en un local a grupos de mujeres y hombres. Estos tienen unos minutos para presentarse y conquistar a la persona que está sentada enfrente.

Discute con tu compañero los siguientes puntos:

- ¿Qué opinas de las citas rápidas?
- ¿A qué público va dirigido?
- ¿Para qué personas es bueno y para quiénes no?
- ¿Participarías tú en una cita? ¿Por qué (no)?
- ¿Qué otras formas de conocer gente le propondrías tú a un amigo tuyo?

Está claro que...
Yo estoy en contra / a favor de...
Me parece absurdo que...
Es increíble que...
Me parece bien / mal que...

Klett

 ISBN 978-3-12-536911-5

12 NIÑOS ROBADOS A

Durante el franquismo en España desaparecieron muchos niños. Normalmente, era gente de la Iglesia o empleados de los hospitales quienes los entregaban al nacer a familias adineradas o importantes.

Las familias de los niños exigen que se castigue a estas personas y que los niños robados sean devueltos a sus familias o, al menos, que sepan lo que les pasó y que tengan la posibilidad de conocer a sus familias biológicas. También defienden que estos robos se cometían para sacar beneficio, no por mejorar la vida de los niños.

1. Resume tu texto a tu compañero.
2. Analiza si realmente esto pudo suponer un peligro para la vida de los niños y en que caso estaría justificado apartar a un niño de su madre al nacer.
3. Comenta con tu compañero qué harías si supierais que vuestros padres os robaron de otra familia al nacer.

Klett

 ISBN 978-3-12-536911-5

12 NIÑOS ROBADOS B

Durante el franquismo en España desaparecieron muchos niños. Normalmente, gente de la Iglesia o empleados de los hospitales quienes los entregaban al nacer a familias adineradas o importantes.

Los que entregaban a los niños a otras familias se defienden diciendo que ellos lo hacían por el bien de los niños: Los sacaban de familias con problemas o sin posibilidades económicas para criar a un niño y se los ofrecían a familias con una mejor posición social a cambio, en algunos casos, de donativos y, en otros, de nada.

1. Resume tu texto a tu compañero.
2. Analiza si realmente esto pudo suponer un peligro para la vida de los niños y en que caso estaría justificado apartar a un niño de su madre al nacer.
3. Comenta con tu compañero qué harías si supierais que vuestros padres os robaron de otra familia al nacer.

Klett

 ISBN 978-3-12-536911-5

13 IMPUESTO REVOLUCIONARIO A

En marzo de 2011 la banda terrorista ETA anunciaba a los empresarios que cancelaba la «exigencia» del pago del impuesto revolucionario.
Hasta entonces ETA había estado enviando cartas a empresarios vascos en las que se les exigía el pago de una determinada cantidad de dinero a cambio de que su negocio y su vida no corrieran peligro. Aunque muchos amenazados denunciaron estas prácticas, es difícil saber cuántos otros pagaron este «impuesto».

1. Comenta con tu compañero qué harías tú si estuvieras en la situación de un empresario vasco.
2. Discute con tu compañero si crees que se puede justificar el uso de la violencia para defender unas ideas políticas.

Si yo estuviera...
Estoy totalmente en contra de...
No me parece lógico que...
Es horrible que...

Klett

 ISBN 978-3-12-536911-5

13 IMPUESTO REVOLUCIONARIO B

En marzo de 2011 la banda terrorista ETA anunciaba a los empresarios que cancelaba la «exigencia» del pago del impuesto revolucionario.
Hasta entonces ETA había estado enviando cartas a empresarios vascos en las que se les exigía el pago de una determinada cantidad de dinero a cambio de que su negocio y su vida no corrieran peligro. Aunque muchos amenazados denunciaron estas prácticas, es difícil saber cuántos otros pagaron este «impuesto».

1. Comenta con tu compañero qué harías tú si estuvieras en la situación de un empresario vasco.
2. Discute con tu compañero si crees que se puede justificar el uso de la violencia para defender unas ideas políticas.

Si yo estuviera...
Estoy totalmente en contra de...
No me parece lógico que...
Es horrible que...

Klett

© Ernst Klett Verlag GmbH, Stuttgart 2013.
Alle Rechte vorbehalten. ISBN 978-3-12-536911-5

14 TENDENCIAS HISPANAS A

Aquí tienes los resultados de un estudio realizado por el Centro Hispano Pew sobre los inmigrantes hispanos en los EE.UU.

1. Explícale a tu compañero los datos que tienes.
   - El 51% se identifica por su país de origen.
   - El 24% usa el término hispano o latino.
   - El 51% no tiene preferencia entre hispano o latino.
   - El 69% no cree que haya una cultura hispana común.
2. Comenta con tu compañero las conclusiones que obtienes de estos resultados.

Me preocupa que (+ subjuntivo)
Me ha llamado la atención que...
Lo que he notado es que...
Es increíble que...
Una mayoría / una minoría...
Aproximadamente...

Klett

 ISBN 978-3-12-536911-5

14 TENDENCIAS HISPANAS B

Aquí tienes los resultados de un estudio realizado por el Centro Hispano Pew sobre los inmigrantes hispanos en los EE.UU.

1. Explícale a tu compañero los datos que tienes.
   - El 47% no se consideran «estadounidenses típicos».
   - El 87% cree que es necesario aprender inglés.
   - El 95% considera importante hablar español.
   - El 76% domina el español, un 38% se declara bilingüe y un 24% prefiere el inglés.
2. Comenta con tu compañero las conclusiones que obtienes de estos resultados.

Me preocupa que (+ subjuntivo)
Me ha llamado la atención que...
Lo que he notado es que...
No es normal que...
Una mayoría / una minoría...
Aproximadamente...

Klett

 ISBN 978-3-12-536911-5

15 EL ARTISTA Y SU MUSA A

Gala (cuyo nombre real era [?]) y casada con el poeta surrealista francés Paul Éluard, fue en 1929 a [?] a pasar las vacaciones de verano y allí conoció a Salvador Dalí. Dalí se sintió inmediatamente atraído por su belleza. La presencia de Gala cambió al pintor de un día para otro: hablaba continuamente de ella y hacía todo tipo de extravagancias para llamar su atención. Esta fascinación del pintor por la que más tarde sería su musa causó muchos problemas entre los amigos y familiares de Dalí: [?]. En septiembre de 1929 Gala volvió a [?] para reunirse con su marido. Dalí, entonces, se entregó apasionadamente a la pintura hasta que decidió [?] a París. Los dos [?] juntos a España, en lo que se denominó «un viaje de amor». A pesar de que Gala volvió un par de veces al lado de su marido, este viaje fue el que marcó el inicio de su relación. Gala [?] para trasladarse junto a Dalí, con el que vivió hasta su muerte, en 1982.

Lee el texto. Tu compañero tiene la información que falta. Hazle preguntas para completar las partes que te faltan.

15 EL ARTISTA Y SU MUSA B

Gala (cuyo nombre real era Helena Ivanovna Diakonova) y casada con [?], fue en [?] a pasar las vacaciones de verano a Cadaqués y allí conoció a Salvador Dalí. Dalí se sintió inmediatamente atraído por su belleza. La presencia de Gala cambió al pintor de un día para otro: hablaba continuamente de ella y hacía [?]. Esta fascinación repentina del pintor por la que más tarde sería su musa causó muchos problemas entre los amigos y familiares de Dalí: su padre lo desheredó y lo echó de casa. En septiembre de 1929 Gala volvió a París para [?]. Dalí, entonces, se entregó apasionadamente a la pintura hasta que decidió viajar a [?]. Los dos regresaron juntos a España, en lo que se denominó «un viaje de amor». A pesar de que Gala volvió un par de veces al lado de [?], este viaje fue el que marcó el inicio de su relación. Gala lo abandonaría todo para trasladarse junto a Dalí, con el que vivió hasta su muerte, en el año [?].

Lee el texto. Tu compañero tiene la información que falta. Hazle preguntas para completar las partes que te faltan.

16 PROYECTO SOLIDARIO A

La crisis económica y financiera actual no solo ha reducido los fondos de las ONG para iniciar proyectos, sino que también pone en peligro muchos de los que ya existen. Son malos tiempos para la cooperación. Frente a esta situación hay pocas alternativas para las ONG: desaparecer o volver a empezar con cambios.

Discute con tu compañero los siguientes puntos:

- Motivos por los que la administración pública, las empresas y la gente en general no aportan tanto dinero como antes a las ONG.
- Otras formas de ayudar a las ONG.
- Prioridades de las ONG para continuar existiendo.

En mi opinión...
Es necesario / es imprescindible / importante...
A mi modo de ver...
Dudo que (+ subjuntivo)
Me parece mal (+ subjuntivo)

16 PROYECTO SOLIDARIO B

La crisis económica y financiera actual no solo ha reducido los fondos de las ONG para iniciar proyectos, sino que también pone en peligro muchos de los que ya existen. Son malos tiempos para la cooperación. Frente a esta situación hay pocas alternativas para las ONG: desaparecer o volver a empezar con cambios.

Discute con tu compañero los siguientes puntos:

- Motivos por los que la administración pública, las empresas y la gente en general no aportan tanto dinero como antes a las ONG.
- Otras formas de ayudar a las ONG.
- Prioridades de las ONG para continuar existiendo.

En mi opinión...
Es necesario / es imprescindible / importante...
A mi modo de ver...
Dudo que (+ subjuntivo)
Me parece mal (+ subjuntivo)

Kriterien für die Bewertung (für den Lehrer)

Kriterium	Beschreibung	Note					
		1	2	3	4	5	6
Inhalt	Der Inhalt ist stets korrekt.						
	Die Informationen sind relevant.						
	Der Schüler argumentiert logisch und zusammenhängend.						
	Der Schüler kennt sich mit dem Thema aus und zeigt dies auch.						
Struktur	Der Schüler hat seinen Redebeitrag vorbereitet.						
	Der Redebeitrag ist strukturiert (Einleitung, Hauptteil und Schlussfolgerung).						
	Der Schüler bringt das Gespräch voran und verknüpft die Redebeiträge logisch miteinander.						
	Der Schüler hält sich während des Gesprächs stets an die Aufgabenstellung.						
	Der Schüler passt sich der Gesprächssituation an und reagiert entsprechend.						
Sprache	Der Wortschatz ist differenziert und angemessen.						
	Die begangenen Grammatikfehler beeinträchtigen den Kommunikationsfluss nicht.						
	Der Schüler hat eine klare und natürliche Aussprache.						
	Der Schüler kann sich spontan und flüssig äußern.						
	Die Sprachstil ist angemessen.						
Interaktion	Die Kommunikationsziele werden erreicht (reagieren, überzeugen, Stellung nehmen, usw.).						
	Der Schüler beherrscht die kommunikative Situation (bezieht den Partner in das Gespräch mit ein und reagiert auf diesen bzw. auf Gesagtes).						
	Der Schüler zeigt Kommunikationsbereitschaft.						
	Die Körpersprache und Haltung des Schülers passen zur Gesprächssituation.						

Autoevaluación (para el alumno)

Para mejorar tu actuación, es importante reflexionar sobre la conversación que acabas de tener con tu compañero. Tómate un par de minutos para completar estos dos cuestionarios.

A Para mejorar la lengua

1. He usado estas palabras y frases útiles que me han ayudado mucho en la conversación.
   Voy a usarlas la próxima vez también:

   ____

2. A veces no he entendido lo que quería decir mi compañero pero no he dicho nada.
   Si esto ocurre otra vez, voy a decirle:

   ____

3. No he sabido cómo decir…
   Voy a mirar en el diccionario o preguntar a mi profesor,-a las siguientes palabras o expresiones:

   ____

4. Mi compañero ha dicho algo que no me ha parecido correcto.
   Para poder corregirlo en la próxima conversación, voy a decir:

   ____

B Para mejorar tu actuación en general

1. Cosas que creo que he hecho bien en la conversación:

   ____

2. En el futuro me gustaría hacer mejor:

   ____

3. Estas son las tres cosas más importantes que he aprendido (p.ej. palabras, contenido, etc.):

   ____

4. Por último, marca cómo te has sentido durante la conversación:

   ☐ tranquilo,-a ☐ confiado,-a ☐ seguro,-a ☐ satisfecho,-a
   ☐ nervioso,-a ☐ inseguro,-a ☐ frustrado,-a ☐ desconcentrado,-a

   Ahora piensa por qué te has sentido así. Si has marcado puntos negativos, piensa cómo podrías evitarlo en la próxima conversación.

   ____

Methodenwortschatz –
Recursos para la comunicación

Para introducir el tema
Este texto trata de…
Voy a hablar sobre…
Quiero exponer…
Os voy a explicar…

Para estructurar el discurso
Para empezar / En primer lugar / Primero / Antes que nada…
Luego / Después / Además…
En último lugar / Finalmente / Para terminar / En conclusión…

Para introducir una explicación
Es decir / O sea / En otras palabras / Dicho de otra manera…

Para introducir una idea
Hay que destacar / Hay que tener en cuenta…

Para indicar oposición
Por un lado… por otro / Por una parte… por otra

Para expresar un contraste
Ahora bien / No obstante / En cambio / Sin embargo / Por el contrario…

Para resumir
En resumen / Brevemente / Resumiendo / En pocas palabras…

Para expresar relaciones de tiempo
Antes / Después / Más tarde / Durante…
Al mismo tiempo / Simultáneamente / En el mismo momento…
Mientras…
Poco antes / Anteriormente…
Entonces / Acto seguido / A continuación…

Para expresar relaciones espaciales
Arriba / Abajo…
A la derecha / A la izquierda / Al lado…
Más arriba / Más abajo…
En medio / En el centro…
Dentro / Fuera…
Delante / Detrás…
Cerca / Lejos…
En el interior / En el exterior…
Encima / Debajo…

Para expresar causa
Porque…
Ya que…
Dado que…
Visto que…
Puesto que…
Como…
A causa de / Por culpa de…

Para expresar consecuencia
En consecuencia…
Por tanto…
De modo que…
Por esto…
A consecuencia de…
Así que…
Por lo cual…
Pues…
Por consiguiente…

Para expresar condición
A condición de (que)…
Siempre que…
Siempre y cuando…
En caso de (que)…
Si…

Para cuestionar algo / para expresar objeción
Aunque…
A pesar de (que)…
Por más que…
Con todo…
Si bien…

Para analizar estadísticas
La gráfica muestra / presenta…
Se puede ver una subida / un aumento de…
Se puede ver un descenso / una caída de…
Casi el XX por ciento de…
Una mayoría / Una minoría de…
Aproximadamente…
Cada vez más…

Para dar la opinión
A mi parecer / A mi modo de ver / Según mi punto de vista…
En opinión de muchos / de la mayoría…
Creo / Pienso / Opino que + indicativo
(A mí) Me parece que…
No creo / pienso / opino que + subjuntivo
(A mí) No me parece…

Para mostrar sorpresa e incredulidad
Me sorprende / Me extraña / Me llama la atención que…
Me cuesta creer que…
¡Es increíble! / ¡No me lo puedo creer!
¿De verdad? / ¡Qué raro!
¿En serio? / ¿Ah, sí?
¡Qué sorpresa!

Para hacer suposiciones e hipótesis
Seguro que / A lo mejor + indicativo
Futuro simple y compuesto
Quizá(s) / Tal vez + indicativo o subjuntivo
Lo más probable es que + subjuntivo
Seguramente + subjuntivo

Para interrumpir amablemente
Perdón, ¿podría hacer un comentario?
Bueno, de hecho…
Perdona que te interrumpa, pero…
Un momento, por favor

Expresiones para no ceder la palabra
Déjame hablar, por favor.
Déjame terminar, por favor.
¿Puedo acabar?

Para pedir aclaraciones
No he entendido, ¿puedes aclararme este punto?
¿Puedes repetir, por favor?
Lo que no entiendo bien es…

Para asegurar la compresión
¿Me sigues? / ¿Me explico?

Para entrevistar
¿Te gusta…?
¿Qué opinas sobre…?
¿Cuál es tu punto de vista?
¿Qué opinas al respecto?

Otros aspectos a tener en cuenta

Para prepararse antes de hablar
- concretar las ideas y estructurar la información
- escoger las palabras adecuadas y formar frases claras
- tener presente la actitud correcta, los gestos apropiados y el tiempo del que se dispone

Para exponer
- estar relajado y mostrar seguridad y confianza
- mirar al interlocutor
- gesticular de forma acorde con lo que se dice

Para expresarse
- hablar en voz alta y vocalizar claramente
- expresarse a la velocidad adecuada

Para comprobar la comprensión
- atender a los gestos y actitudes del interlocutor
- preguntar y contestar a las preguntas o dudas que tenga el interlocutor
- preguntar al final la opinión